ANGELIKA ILIES

ONE POT PASTA

FOTOGRAFIE: COCO LANG

INHALT

Öffnen Sie die Klappen dieses Buches.
Dort finden Sie die wichtigsten Infos zum Thema auf einen Blick!

DAS PRINZIP:
ONE POT PASTA

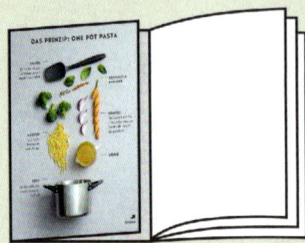

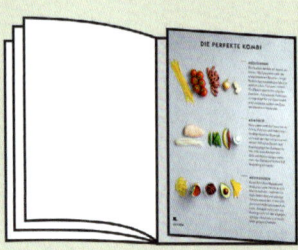

DIE PERFEKTE
KOMBI

Immer griffbereit:

SO GEHT'S.
ALLES AUS
EINEM TOPF

Immer griffbereit:

GEEIGNETE
NUDELSORTEN

GU CLOU

Wussten Sie schon, dass ...?
Entdecken Sie bei einigen ausgewähl-
ten Rezepten ganz besondere Tipps
mit verblüffendem Insiderwissen.
Aha-Momente garantiert!

 Mit diesem Symbol sind alle vegetarischen
Gerichte gekennzeichnet.

 Sammeln Ihrer Lieblingsrezepte
mit der »GU Kochen Plus«-App
(siehe S. 64)

REZEPTKAPITEL

06 VEGETARISCH

24 FLEISCH & WURST

48 FISCH & MEERESFRÜCHTE

ANGELIKA ILIES

Nudeln gehören bei Klein und Groß zu den Favoriten und dürfen gern mehrmals in der Woche auf den Tisch kommen. Werden sie dank One Pot direkt in der Sauce gekocht, strotzen sie vor Aroma – und das bei einfachster Zubereitung. Perfekt für die unkomplizierte Alltagsküche.

War ich sofort von One Pot Pasta überzeugt?

Ehrlich gesagt, war ich anfangs recht skeptisch. Schließlich galt ja immer, Nudeln in einem großen Topf in viel kochendem Wasser zu garen. Als ich beim Surfen im Netz auf den Seiten der amerikanischen Fernsehköchin Martha Stewart die Idee von One Pot Pasta entdeckte, konnte ich mir das nur schwer vorstellen. Neugierig, wie ich als Rezeptentwicklerin bin, habe ich es aber kurz darauf getestet – und war beeindruckt.

Was gefällt mir an One Pot Pasta am besten?

Ich entwickle besonders gern Rezepte, die schnell auf dem Tisch stehen und somit absolut alltags- und familientauglich sind. Dazu gehören schon seit langem Gerichte, die blitzschnell im Wok gewirbelt werden. Und seit einiger Zeit auch Nudeln, die gleich mitsamt aromatischer Begleitung in nur einem Topf (oder in einer Pfanne oder in einem Wok!) garen. Alles gelingt perfekt mit wenig Aufwand, und selbst das Aufräumen und Spülen ist blitzschnell erledigt.

Gibt es Grenzen bei dieser Methode?

Ja, gibt es. Größere Nudelmengen (mehr als 400 Gramm) lassen sich schlecht direkt in der Sauce kochen, das Umrühren wird schwierig, die Nudeln garen ungleichmäßig. Auch sehr große oder unregelmäßig geformte Nudelsorten eignen sich nicht. Und bei Spezialisten wie glutenfreien oder Low-Carb-Nudeln etwa aus Hülsenfrüchten ist durchaus Fingerspitzengefühl gefragt, damit nichts anbrennt oder matschig wird.

PASTA NAPOLETANA MIT 5 ZUTATEN

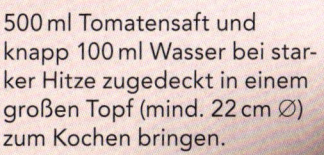

500 ml Tomatensaft und knapp 100 ml Wasser bei starker Hitze zugedeckt in einem großen Topf (mind. 22 cm ⌀) zum Kochen bringen.

200 g Linguine durchbrechen, im Topf mit dem Saft verrühren, nach Packungsangabe plus ein paar Min. bissfest garen. Anfangs gelegentlich, gegen Ende häufig umrühren und gründlich über den Topfboden fahren, damit nichts ansetzt. Wenn die Mischung zu trocken wird, löffelweise Wasser dazugeben.

125 g Mozzarella abtropfen lassen und in kleine Würfel schneiden.

½ Bund Basilikum waschen, trocken schütteln, die Blättchen grob zerschneiden.

100 g Kirschtomaten waschen und halbieren oder vierteln.

Salz, Pfeffer

Mozzarella, Basilikum und Tomaten zu den bissfest gegarten Nudeln in den Topf geben und kurz verrühren. Mit Salz und Pfeffer abschmecken, auf 2 Teller verteilen und sofort servieren. Reicht für 2 Portionen.

VEGETARISCH

Für 2 Personen • 20 Min. Zubereitung • Pro Portion ca. 785 kcal, 29 g E, 38 g F, 78 g KH

MAC AND CHEESE ◗

AUS AMERIKA

4 zarte Frühlingszwiebeln
20 g Butter
200 ml Milch
300 ml Gemüsebrühe
200 g kurze Nudeln
   (z. B. Cellentani, Kochzeit
   ca. 8 Min.)
40 g Doppelrahm-Frischkäse
100 g geriebener Cheddar
Salz, Pfeffer

1 Die Frühlingszwiebeln putzen, waschen und in Ringe schneiden. Die Butter in einem großen Topf (22–24 cm ⌀) zerlassen. Einige grüne Zwiebelringe beiseitelegen, den Rest in den Topf geben und bei mittlerer Hitze ca. 2 Min. unter Rühren anschwitzen. Die Milch und die Brühe angießen und bei starker Hitze zugedeckt aufkochen.

2 Die Nudeln einrühren und offen bei mittlerer bis starker Hitze nach Packungsangabe plus ein paar Min. knapp bissfest garen. Dabei anfangs gelegentlich, gegen Ende häufig umrühren und löffelweise Wasser dazugeben, wenn die Mischung zu trocken wird. Den Frischkäse sowie drei Viertel des Cheddar einrühren und alles noch 1–2 Min. garen. Die Nudeln mit Salz und Pfeffer abschmecken, mit dem übrigen Cheddar und den beiseitegelegten Zwiebelringen bestreuen und sofort servieren.

Für 2 Personen • 30 Min. Zubereitung • Pro Portion ca. 570 kcal, 22 g E, 16 g F, 81 g KH

ERBSEN-RICOTTA-HÖRNCHEN 🌿

GÜNSTIG

1 große Zwiebel
1 EL Olivenöl
500 ml Gemüsebrühe
175 g kleine Hörnchen-Nudeln
  (Kochzeit ca. 7 Min.)
200 g TK-Erbsen
1 TL geräuchertes Paprikapulver
8 Stängel Minze
150 g Ricotta
Salz, Pfeffer

1 Die Zwiebel schälen und grob würfeln. Das Öl in einem großen Topf (22–24 cm ⌀) erhitzen und die Zwiebelwürfel darin bei mittlerer Hitze goldbraun anbraten. Die Brühe angießen und zugedeckt bei starker Hitze zum Kochen bringen. Die Nudeln und die Erbsen einrühren und alles erneut aufkochen lassen. Mit dem Paprikapulver würzen und offen bei mittlerer bis starker Hitze nach Packungsangabe der Nudeln plus ein paar Min. kochen lassen, dabei anfangs gelegentlich, gegen Ende ständig rühren und löffelweise Wasser dazugeben, wenn die Mischung zu trocken wird.

2 Die Minze waschen, trocken schütteln und hacken. Die Hälfte davon mit Ricotta, Salz und Pfeffer verrühren. Die Nudeln mit Salz und Pfeffer abschmecken und auf Schüsseln oder tiefe Teller verteilen. Den Ricotta löffelweise daraufsetzen und die restliche Minze daraufstreuen. Das Gericht sofort servieren.

SPARGEL-KERBEL-PASTA 🍃

FRÜHLINGS-REZEPT

500 g grüner Spargel
1 Handvoll Kerbel
100 g Schalotten
30 g Pinienkerne
1 EL Butter
1 l Gemüsebrühe
200 g TK-Erbsen
400 g kurze Nudeln (z. B. Dinkel-
  Penne; Kochzeit 7–9 Min.)
150 g Sahne
Salz, Pfeffer

1 Den Spargel waschen, die Stangen etwas kürzen, im unteren Drittel schälen und in Stücke schneiden, die etwa so lang sind wie die Nudeln. Die Spargelspitzen beiseitelegen. Den Kerbel waschen, trocken schütteln und grob hacken. Die Schalotten schälen und vierteln oder achteln.

2 Die Pinienkerne in einem großen hohen Topf (22–24 cm ∅ und 12 cm hoch) ohne Fett bei mittlerer Hitze goldbraun rösten, herausnehmen und beiseitestellen. Die Butter im Topf zerlassen und die Schalotten darin glasig dünsten. Die Gemüsebrühe angießen und die Erbsen dazugeben. Die Brühe zugedeckt bei starker Hitze aufkochen lassen.

3 Die Pasta in den Topf geben und offen bei mittlerer bis starker Hitze ca. 4 Min. kochen lassen. Den Spargel (bis auf die Köpfe) dazugeben. Die Nudeln offen nach Packungsangabe plus ein paar Min. gerade eben bissfest garen, dabei anfangs gelegentlich, gegen Ende häufig umrühren.

4 Die Sahne und die Spargelspitzen in den Topf geben, alles mit Salz und Pfeffer würzen und noch 2–3 Min. unter ständigem Rühren kochen lassen, dabei löffelweise Wasser dazugeben, wenn die Mischung zu trocken wird. Den Kerbel unterrühren und die Nudeln mit den Pinienkernen bestreut sofort servieren.

Für 4 Personen • 30 Min. Zubereitung • Pro Portion ca. 710 kcal, 34 g E, 28 g F, 78 g KH

KRÄUTER-FARFALLE MIT EI 🍃

VITAMINREICH

1 l Gemüsebrühe
8 frische Eier
1 große Zwiebel
1 Bund gemischte Kräuter für
    Frankfurter Grüne Sauce
    (ca. 200 g; ersatzweise je 2 Bund
    Petersilie und Schnittlauch)
400 g Farfalle (Kochzeit
    ca. 10 Min.)
150 g Schmand
Salz, Pfeffer
2 EL Weißweinessig
edelsüßes Paprikapulver

GUT ZU WISSEN

Die spezielle Kräuter-Kombi für »Grüne Sauce« verhilft auch Nudeln zu einem besonders frischen Aroma. Sieben Kräutersorten gehören hinein, meist sind es Petersilie, Schnittlauch, Sauerampfer, Kerbel, Kresse, Pimpinelle und Borretsch. Und diese Mischung gibt es je nach Saison auch bereits im Bündel zu kaufen, auch im Supermarkt – und das nicht nur in Hessen.

1 Die Brühe bei starker Hitze zugedeckt in einem großen hohen Topf (22–24 cm ⌀ und mind. 12 cm hoch) zum Kochen bringen. Die Eier heiß abwaschen und anstechen, mithilfe eines Esslöffels in die Brühe legen und bei starker Hitze in 7–8 Min. wachsweich garen.

2 Inzwischen die Zwiebel schälen und in feine Würfel schneiden. Die Kräuter waschen, trocken schütteln und hacken. Die gekochten Eier mit einer Schaumkelle aus der Brühe heben und beiseitelegen.

3 Die Zwiebelwürfel und die Farfalle in die kochende Brühe geben und die Nudeln offen bei mittlerer bis starker Hitze nach Packungsangabe plus ein paar Min. knapp bissfest garen. Dabei anfangs gelegentlich, gegen Ende häufig umrühren.

4 Den Schmand unter die Nudeln rühren, alles mit Salz, Pfeffer, Essig und Paprikapulver würzen und noch 1–2 Min. unter ständigem Rühren kochen lassen, dabei löffelweise Wasser dazugeben, wenn die Mischung zu trocken wird.

5 Die Eier pellen und halbieren. Die Kräuter unter die Nudeln rühren und das Gericht abschmecken. Auf Teller verteilen, die Eierhälften darauf anrichten und das Gericht sofort servieren.

Für 2 Personen • 25 Min. Zubereitung • Pro Portion ca. 560 kcal, 17 g E, 25 g F, 68 g KH

GRÜNE CURRY-GEMÜSE-NUDELN 🌿

ASIATISCH

1 Bund Frühlingszwiebeln
100 g Zuckerschoten
½ kleiner Brokkoli (ca. 150 g)
80 g Spitzkohl
30 g Ingwer
2 EL Öl
1 ½ TL grüne Currypaste
400 g fettreduzierte Kokosmilch
   (6 % Fett)
150 g Instant Mie-Nudeln
2 EL Sojasauce
Salz, Pfeffer

MEHR DRAUS MACHEN
Dieses Rezept lässt sich für
Fleischfreunde leicht variieren:
zunächst 200 g gewürfeltes
Putenfilet in heißem Öl im
Topf anbraten und wieder
herausnehmen. Zum Schluss
zusammen mit der Sojasauce
unter die Nudeln mischen.

1 Die Frühlingszwiebeln putzen, waschen und in dünne Ringe schneiden. Die Zuckerschoten putzen, waschen und schräg dritteln oder vierteln. Den Brokkoli putzen, waschen und in kleine Röschen teilen, diese eventuell durchschneiden, damit sie schnell genug garen. Den Stiel schälen und in dünne Scheiben schneiden. Den Spitzkohl putzen, waschen und in feine Streifen hobeln oder schneiden.

2 Den Ingwer schälen und in feine Würfel schneiden. Das Öl in einem großen Topf (22–24 cm ∅) erhitzen und den Ingwer darin bei mittlerer Hitze leicht anbraten. Die hellen Teile der Frühlingszwiebeln, die Zuckerschoten, den Brokkoli und den Spitzkohl dazugeben und unter häufigem Rühren bei starker Hitze ca. 3 Min. braten.

3 Die Currypaste zum Gemüse geben und unter Rühren mit anbraten. Mit der Kokosmilch ablöschen und 100 ml Wasser angießen. Alles zugedeckt bei starker Hitze aufkochen und bei mittlerer Hitze ca. 3 Min. kochen lassen.

4 Die Mie-Nudeln etwas zerdrücken und in den Topf geben, offen bei mittlerer bis starker Hitze ca. 4 Min. kochen lassen, dabei häufig umrühren, damit sie gleichmäßig garen und nichts anbrennen kann. Evtl. löffelweise Wasser dazugeben, wenn die Mischung zu trocken wird. Die Curry-Gemüse-Nudeln mit Sojasauce, Salz und Pfeffer würzen und sofort servieren.

Für 4 Personen • 30 Min. Zubereitung • Pro Portion ca. 615 kcal, 19 g E, 23 g F, 80 g KH

SPAGHETTI MIT OLIVEN 🌿

SOMMER-REZEPT

800 g reife Tomaten
1 große Zwiebel
1 Knoblauchzehe
4 EL Olivenöl
1 l Gemüsebrühe
400 g Spaghetti (Kochzeit
*   9–11 Min.)*
60 g grüne Oliven (entsteint)
60 g schwarze Oliven (ent-
*   steint)*
1 Bund Basilikum
60 g Parmesan
Salz, Pfeffer

1 Die Tomaten einritzen, überbrühen, häuten, entkernen und ohne die Stielansätze klein würfeln. Die Zwiebel und den Knoblauch schälen und klein würfeln bzw. in Stifte schneiden. Das Öl in einem großen hohen Topf (22–24 cm Ø und 12 cm hoch) erhitzen, die Zwiebeln und den Knoblauch darin goldbraun anbraten. Die Brühe angießen und bei starker Hitze zugedeckt zum Kochen bringen.

2 Die Spaghetti evtl. einmal durchbrechen, in den Topf geben und bei mittlerer bis starker Hitze nach Packungsangabe plus ein paar Min. bissfest garen. Dabei anfangs gelegentlich, gegen Ende häufig umrühren und ggf. löffelweise Wasser dazugeben. Inzwischen die Oliven würfeln, das Basilikum waschen, trocken schütteln und hacken, den Parmesan hobeln. Tomaten, Oliven und Basilikum unter die fertigen Nudeln mischen, alles mit Salz und Pfeffer abschmecken und mit Parmesan bestreut sofort servieren.

Für 4 Personen • 30 Min. Zubereitung • Pro Portion ca. 470 kcal, 20 g E, 8 g F, 77 g KH

PILZ-FRISCHKÄSE-PASTA 🌿

EINFACH

1 Bund Frühlingszwiebeln
250 g braune Champignons
150 g Shiitakepilze
1 EL Öl
950 ml Gemüsebrühe
400 g kurze Nudeln (z. B. Mak-
*   karoni, Kochzeit ca. 7 Min.)*
150 g Kräuter-Frischkäse
Salz, Pfeffer
geräuchertes Paprikapulver

1 Die Frühlingszwiebeln putzen, waschen und sehr schräg in ganz feine Ringe schneiden. Die Pilze putzen, mit einem feuchten Tuch abreiben und halbieren oder vierteln, von den Shiitakepilzen die Stiele entfernen. Das Öl in einem großen hohen Topf (22–24 cm ⌀ und 12 cm hoch) erhitzen, die Frühlingszwiebeln (einige zurückbehalten) darin bei starker Hitze unter Rühren 1–2 Min. anbraten. Die Pilze dazugeben und 1–2 Min. rührbraten.

2 Die Brühe angießen und bei starker Hitze zugedeckt zum Kochen bringen. Die Nudeln einrühren und bei mittlerer bis starker Hitze nach Packungsangabe plus ein paar Min. bissfest garen. Dabei anfangs gelegentlich, gegen Ende häufig umrühren und ggf. löffelweise Wasser dazugeben. Den Frischkäse einrühren. Das Gericht mit Salz, Pfeffer und Paprikapulver abschmecken, mit den übrigen Frühlingszwiebeln bestreuen und sofort servieren.

Für 2 Personen • 25 Min. Zubereitung • Pro Portion ca. 745 kcal, 30 g E, 19 g F, 109 g KH

ROTE-BETE-MEERRETTICH-NUDELN 🍃

VOLLWERTIG

*300 g vorgegarte Rote Bete (einge-
schweißt)*
25 g Sonnenblumenkerne
200 ml Orangensaft
350 ml Rote-Bete-Saft
*200 g kurze Vollkornnudeln (z. B.
Pennette Rigate; Kochzeit
ca. 9 Min.)*
½ Bund Schnittlauch
*1 Stück frischer Meerrettich
(ca. 10 cm; ersatzweise
1–2 TL Meerrettich aus dem
Glas)*
50 g Cheddar
Salz, Pfeffer

1 Die Rote Bete abtropfen lassen und in ½ cm dicke Scheiben schneiden, diese in 4–5 cm lange Stifte schneiden. Die
Sonnenblumenkerne in einem großen Topf (22–24 cm ∅) ohne
Fett bei mittlerer Hitze goldgelb rösten, herausnehmen und
beiseitestellen.

2 Den Orangensaft und den Rote-Bete-Saft in den Topf
gießen und zugedeckt bei starker Hitze aufkochen. Die Nudeln
einrühren und offen bei starker Hitze unter gelegentlichem
Rühren ca. 6 Min. kochen lassen. Die Rote Bete dazugeben
und alles bei mittlerer Hitze noch ca. 5 Min. garen, bis die
Nudeln bissfest sind. Dabei gegen Ende löffelweise Wasser
dazugeben, wenn die Mischung zu trocken wird und ansetzt.

3 Inzwischen den Schnittlauch waschen, trocken schütteln
und in Röllchen schneiden. Den Meerrettich schälen und grob
raspeln, den Cheddar klein würfeln. Die Nudeln mit Salz und
Pfeffer abschmecken, mit Schnittlauch, Meerrettich, Cheddar
und Sonnenblumenkernen bestreut servieren.

Für 4 Personen • 35 Min. Zubereitung • Pro Portion ca. 610 kcal, 16 g E, 34 g F, 58 g KH

MÖHREN-SPAGHETTI MIT AVOCADO-PESTO 🌿

VITAMINREICH

AVOCADO-ZITRONEN-PESTO

6 Stängel Zitronenmelisse
1 kleine rote Chilischote
50 g Parmesan
50 g Cashewkerne
3 EL Zitronensaft
5 EL Olivenöl
1 große Avocado (nicht zu weich)
Salz, Pfeffer

MÖHREN-SPAGHETTI

350 g Möhren
500 ml Möhrensaft
250 g Spaghetti (Kochzeit
    9–11 Min.)
Salz, Pfeffer

AVOCADO-ZITRONEN-PESTO: Die Zitronenmelisse waschen und trocken schütteln, einige Blättchen beiseitelegen, den Rest hacken. Die Chilischote waschen, halbieren, die Kerne entfernen und die Hälften etwas kleiner schneiden. Den Parmesan grob würfeln. Alle Zutaten mit den Cashewkernen, dem Zitronensaft und dem Öl im Mixer grob pürieren.

Die Avocado halbieren, den Kern entfernen, das Fruchtfleisch aus der Schale lösen und würfeln. Zur Pestomischung geben und mit einer Gabel gründlich unterrühren. Es sollen Stückchen sichtbar bleiben. Das Pesto mit Salz und Pfeffer abschmecken.

MÖHREN-SPAGHETTI: Die Möhren putzen, waschen und mit einem Spiralschneider zu langen dünnen »Spaghetti« schneiden. Den Möhrensaft und 150 ml Wasser in einem großen hohen Topf (22–24 cm ⌀ und 12 cm hoch) bei starker Hitze zugedeckt zum Kochen bringen. Die Spaghetti evtl. einmal durchbrechen, in die Flüssigkeit geben und offen bei mittlerer bis starker Hitze nach Packungsangabe knapp bissfest garen. Dabei anfangs gelegentlich, gegen Ende häufig umrühren.

Die Möhrenspaghetti unter die Nudeln mischen, alles noch 2 Min. garen, dabei löffelweise Wasser dazugeben, wenn die Mischung zu trocken wird. Mit Salz und Pfeffer abschmecken, mit dem Avocado-Zitronen-Pesto anrichten und mit der beiseitegelegten Zitronenmelisse garniert sofort servieren.

Gemüsenudeln werden hier kombiniert mit echten Spaghetti – so machen sie länger satt. Da sie zudem nicht in Wasser gekocht und abgegossen, sondern in Möhrensaft gegart wird, liefert die Spaghetti-Kombi ein doppeltes Plus an Vitaminen.

ELSÄSSER NUDELTOPF 🌿

2 rote Zwiebeln
1 EL Öl
½ l Gemüsebrühe
200 g kurze Nudeln (z. B. Spiral-
    nudeln; Kochzeit ca. 5 Min.)
1 kleine Dose Sauerkraut
    (285 g Abtropfgewicht)
100 g kleine kernlose Weintrauben
    (blau oder grün)
¼ Bund Schnittlauch
Salz, Pfeffer
2 EL Crème fraîche

MEHR DRAUS MACHEN
Fleischfreunden schmeckt das
Gericht, wenn Sie 100 g mage-
ren geräucherten Schweinebauch klein würfeln und zusammen mit dem Sauerkraut
in den Topf geben.

1 Die Zwiebeln schälen und in Spalten schneiden. Das Öl in einem großen Topf (22–24 cm ∅) erhitzen und die Zwiebeln darin unter Rühren anbraten. Die Brühe angießen und bei starker Hitze zugedeckt zum Kochen bringen.

2 Die Nudeln und das Sauerkraut in die Brühe rühren und die Nudeln offen bei mittlerer bis starker Hitze nach Packungsangabe plus ein paar Min. bissfest garen. Dabei anfangs gelegentlich, gegen Ende häufig umrühren und löffelweise Wasser dazugeben, wenn die Mischung zu trocken wird.

3 Die Trauben waschen, nach Belieben halbieren. Den Schnittlauch waschen, trocken schütteln und in Röllchen schneiden. Die Trauben unter die Nudeln rühren und alles mit Salz und Pfeffer abschmecken. Das Gericht auf Teller verteilen, mit je 1 EL Crème fraîche toppen, mit dem Schnittlauch bestreuen und sofort servieren.

FLEISCH & WURST

LINGUINE MIT ROSMARIN-HUHN

AUS ITALIEN

1 Zweig Rosmarin
200 g Hähnchenbrustfilet
100 g Zuckerschoten
2 kleine rote Zwiebeln (ca. 100 g)
2 EL Olivenöl
Salz, Pfeffer
550 ml Hühnerbrühe
200 g Linguine (Kochzeit
*   9–10 Min.)*

1 Den Rosmarin waschen und trocken schütteln, die Nadeln abzupfen und grob hacken. Das Hähnchenbrustfilet abtupfen und in dünne Scheiben oder Streifen schneiden. Die Zuckerschoten putzen, waschen und schräg dritteln. Die Zwiebeln schälen und in Spalten schneiden.

2 In einem großen Topf (22–24 cm ⌀) 1 EL Öl erhitzen. Das Hähnchenbrustfilet und den Rosmarin hineingeben und bei starker Hitze unter Rühren ca. 1 Min. anbraten. Mit Salz und Pfeffer würzen, herausnehmen und beiseitestellen.

3 Das restliche Öl (1 EL) im Topf erhitzen und die Zwiebelspalten darin leicht anbraten. Die Brühe angießen und zugedeckt bei starker Hitze zum Kochen bringen.

4 Die Linguine evtl. einmal durchbrechen, in den Topf geben und zugedeckt bei starker Hitze 3 Min. kochen lassen. Die Zuckerschoten dazugeben und die Nudeln offen nach Packungsanweisung plus ein paar Min. knapp bissfest garen, dabei anfangs gelegentlich, gegen Ende häufig umrühren. Das Hähnchenbrustfilet untermischen und 1–2 Min. erhitzen, dabei löffelweise Wasser dazugeben, wenn die Mischung zu trocken wird. Mit Salz und Pfeffer abschmecken und sofort servieren.

Für 4 Personen • 20 Min. Zubereitung •
Pro Portion ca. 775 kcal, 28 g E, 38 g F, 77 g KH

Für 2 Personen • 20 Min. Zubereitung •
Pro Portion ca. 555 kcal, 24 g E, 14 g F, 81 g KH

MASCARPONE-SCHINKEN-NUDELN

EINFACH

30 g Pinienkerne • 1 l Rinderbrühe • 400 g grüne Tagliatelle (Kochzeit ca. 6 Min.) • 60 g Parmesan • 100 g Parmaschinken (dünne Scheiben) • 4 Stängel Basilikum • 200 g Mascarpone • Salz, Pfeffer

1 Die Pinienkerne in einem großen Topf (22–24 cm Ø und 12 cm hoch) goldbraun rösten, wieder herausnehmen. Die Brühe im Topf zugedeckt aufkochen, die Nudeln darin offen bei mittlerer bis starker Hitze nach Packungsangabe plus ein paar Min. bissfest garen. Anfangs gelegentlich, später häufig umrühren und falls nötig, noch etwas Wasser dazugeben.

2 Inzwischen Parmesan reiben, Schinken klein schneiden, Basilikum waschen, trocken schütteln und hacken. Wenn die Nudeln fast fertig sind, Schinken und Mascarpone unterrühren. Mit Salz und Pfeffer abschmecken, mit Basilikum, Parmesan und Pinienkernen bestreut servieren.

SALAMI-GEMÜSE-NUDELN

HERZHAFT

1 dünne Stange Lauch • 50 g Salami (in Scheiben) • 400 ml Gemüsesaft • 2 TL getrockneter Majoran • 200 g Nudeln mit kurzer Garzeit (z. B. Mini Penne Rigate, Kochzeit ca. 6 Min.) • 30 g Parmesan • Salz, Pfeffer

1 Lauch putzen, gründlich waschen und in Ringe schneiden. Salami in Streifen schneiden. Gemüsesaft und 100 ml Wasser in einem Topf (22–24 cm Ø) bei starker Hitze zugedeckt aufkochen. Lauch, Salami, Majoran und Nudeln einrühren. Nudeln offen bei mittlerer bis starker Hitze nach Packungsanweisung plus ein paar Min. bissfest garen. Anfangs gelegentlich, gegen Ende häufig umrühren und löffelweise Wasser dazugeben, wenn es zu trocken wird.

2 Den Parmesan reiben. Die Nudeln mit Salz und Pfeffer abschmecken und mit Parmesan bestreut sofort servieren.

Für 2 Personen • 20 Min. Zubereitung •
Pro Portion ca. 810 kcal, 32 g E, 42 g F, 74 g KH

Für 4 Personen • 20 Min. Zubereitung •
Pro Portion ca. 645 kcal, 30 g E, 25 g F, 75 g KH

SPAGHETTI ALLA CARBONARA

KLASSISCH

80 g durchwachsener Räucherspeck • 1 EL Öl •
1 kleine Knoblauchzehe • 500 ml Gemüsebrühe •
200 g Spaghetti (Kochzeit 9–11 Min.) • 40 g Par-
mesan • 75 g Sahne • 2 Eier • Salz, Pfeffer

1 Den Speck würfeln, mit dem Öl in einem
großen Topf (22–24 cm ⌀) erhitzen und knusprig
braten. Knoblauch schälen, hacken und mit
anbraten. Brühe angießen und zugedeckt bei
starker Hitze aufkochen. Spaghetti evtl. einmal
durchbrochen und in der Brühe bei mittlerer bis
starker Hitze nach Packungsanweisung plus ein
paar Min. bissfest garen. Anfangs gelegentlich,
gegen Ende häufig umrühren und ggf. löffelweise Wasser dazugeben.

2 Parmesan reiben. Sahne und Eier verquirlen
und unter die fertigen Spaghetti rühren. Das
Gericht mit Salz und Pfeffer abschmecken, mit
Parmesan bestreuen und sofort servieren.

LEBERKÄSE-NUDELN

GÜNSTIG

½ kleiner Wirsing (ca. 300 g) • 250 g Leberkäse
(Fleischkäse) • 1 l Rinderbrühe • 2 TL Pizzage-
würz • 400 g kurze Nudeln (z. B. Eliche Tricolore,
Kochzeit ca. 9 Min.) • Salz, Pfeffer • 80 g geriebe-
ner Käse (z. B. Emmentaler)

1 Wirsing putzen, waschen und in schmale
Streifen schneiden. Leberkäse 1 cm groß würfeln.
Die Brühe mit dem Pizzagewürz in einem großen
hohen Topf (22–24 cm ⌀ und 12 cm hoch) bei
starker Hitze zugedeckt aufkochen.

2 Die Nudeln, den Wirsing und den Leberkäse
einrühren. Die Nudeln bei mittlerer bis starker
Hitze nach Packungsanweisung plus ein paar
Min. bissfest garen. Anfangs gelegentlich, gegen
Ende häufig umrühren und löffelweise Wasser
dazugeben, damit nichts ansetzen kann. Die Nudeln mit Salz und Pfeffer abschmecken, mit ge-
riebenem Käse bestreuen und sofort servieren.

MAKKARONI-RINDFLEISCH-CHILI

SCHARF

1 große Zwiebel
2 EL Öl
400 g Rinderhackfleisch
Salz, Pfeffer
gemahlener Kreuzkümmel
Tabasco
50 g Tomatenmark
1 l Rinderbrühe
350 g kurze Makkaroni (Kochzeit
*   ca. 7 Min.)*
1 Dose Kidneybohnen
*   (ca. 250 g Abtropfgewicht)*
1 große reife Avocado

1 Die Zwiebel schälen und grob würfeln. Das Öl in einem großen hohen Topf (22–24 cm Ø und 12 cm hoch) erhitzen und die Zwiebelwürfel darin glasig dünsten. Das Hackfleisch dazugeben und unter Rühren bei starker Hitze krümelig und braun anbraten. Mit Salz, Pfeffer, Kreuzkümmel, Tabasco und dem Tomatenmark würzen und alles gründlich verrühren.

2 Die Brühe angießen und zugedeckt bei starker Hitze zum Kochen bringen. Die Makkaroni einrühren und offen bei mittlerer bis starker Hitze nach Packungsanweisung plus ein paar Min. knapp bissfest garen. Dabei anfangs gelegentlich, gegen Ende häufig umrühren.

3 Inzwischen die Kidneybohnen in ein Sieb abgießen und abtropfen lassen. Die Avocado halbieren und entkernen, das Fruchtfleisch aus der Schale lösen und in kleine Würfel schneiden. Die Kidneybohnen unter das Makkaroni-Rindfleisch-Chili rühren und alles 1–2 Min. weitergaren, dabei löffelweise Wasser dazugeben, wenn die Mischung zu trocken wird. Das Chili mit Tabasco und Pfeffer scharf abschmecken, mit den Avocadowürfeln bestreuen und sofort servieren.

1

2

3

KOKOS-ERDNUSS-NUDELN

ASIATISCH

4

5

6

400 g Hähnchenbrustfilet
2 EL Öl
Salz, Pfeffer
Currypulver
1 Bund Frühlingszwiebeln
1 gelbe Paprika
200 g Mungbohnensprossen
400 g Kokosmilch
250 g schmale Reisbandnudeln
   (Kochzeit ca. 6 Min.; ersatzweise Glasnudeln)
helle Sojasauce
50 g Erdnusskerne (geröstet und
   gesalzen)

AUSSERDEM
8 Holzspieße (ca. 10 cm lang)

1 Das Hähnchenbrustfilet abtupfen, in Streifen oder Würfel schneiden und auf die Spieße stecken (Bild 1). Das Öl in einem großen hohen Topf (22–24 cm ⌀ und 12 cm hoch) bei starker Hitze erhitzen und die Spieße darin rundherum scharf anbraten. Bei mittlerer Hitze ca. 10 Min. weiterbraten, dabei mehrmals wenden und mit Salz, Pfeffer und Currypulver würzen (Bild 2).

2 Inzwischen die Frühlingszwiebeln putzen und waschen. In 5 cm lange Stücke schneiden und diese längs in Streifen schneiden (Bild 3). Die Paprika waschen, halbieren, Trennwände und Kerne entfernen (Bild 4) und die Hälften in schmale Streifen schneiden. Die Sprossen in einem Sieb kalt abspülen.

3 Die Spieße aus dem Topf nehmen und zugedeckt beiseitestellen. Frühlingszwiebeln und Paprika im Topf bei mittlerer Hitze ca. 1 Min. rührbraten. Die Kokosmilch und 550 ml Wasser angießen und bei starker Hitze zugedeckt aufkochen. Die Nudeln zwei- oder dreimal durchbrechen, in den Topf geben (Bild 5) und unter häufigem Rühren ca. 4 Min. kochen lassen.

4 Die Sprossen einrühren und alles ca. 2 Min. garen, dabei nahezu ständig gründlich rühren – durch die cremige Konsistenz setzen die Nudeln leicht am Topfboden an. Bei Bedarf löffelweise Wasser dazugeben. Die Nudeln nicht länger garen, sonst werden sie matschig.

5 Alles mit Sojasauce und Pfeffer abschmecken und auf Teller verteilen. Die Spieße darauflegen und die Erdnüsse daraufstreuen. Nach Belieben mit Frühlingszwiebelstreifen bestreuen. Das Gericht sofort servieren (Bild 6).

Für 4 Personen • 30 Min. Zubereitung • Pro Portion ca. 855 kcal, 40 g E, 31 g F, 103 g KH

SPAGHETTI MIT MERGUEZ-WÜRSTEN

AUS NORDAFRIKA

300 g Merguez-Bratwürste
1 Knoblauchzehe
160 g rote Zwiebeln
1 EL Olivenöl
800 ml Rinderbrühe
1 Dose Kichererbsen samt Einlege-
    sud (400 g)
300 g Spaghetti (Kochzeit
    9–11 Min.)
60 g schwarze Oliven (entsteint)
10 Stängel Koriandergrün
Salz, Pfeffer
scharfes Paprikapulver

GUT ZU WISSEN

Merguez kommen ursprünglich aus der arabischen Küche und werden aus Lamm- oder Rindfleisch hergestellt. Sie sind meist stark gewürzt mit Paprika, Knoblauch, Pfeffer und Harissa, einer nordafrikanischen Gewürzmischung. Wenn Sie keine Merguez bekommen, nehmen Sie ganz normale grobe Bratwürste oder spanische Chorizo.

1 Das Brät der Merguez-Würste aus der Pelle drücken und zu kleinen Kugeln formen. Den Knoblauch schälen und hacken. Die Zwiebeln schälen und in schmale Spalten schneiden. Das Öl in einem großen hohen Topf (22–24 cm Ø und 12 cm hoch) erhitzen, die Zwiebeln und den Knoblauch darin leicht anbraten. Die Bratwurstkugeln dazugeben und unter Rühren rundherum goldbraun anbraten.

2 Die Brühe und die Kichererbsen samt Einlegesud in den Topf gießen und zugedeckt bei starker Hitze zum Kochen bringen. Die Spaghetti evtl. einmal durchbrechen, in den Topf geben und offen bei mittlerer bis starker Hitze nach Packungsanweisung plus ein paar Min. knapp bissfest garen. Dabei anfangs gelegentlich, gegen Ende häufig umrühren.

3 Inzwischen die Oliven nach Belieben kleiner schneiden. Das Koriandergrün waschen, trocken schütteln und grob hacken.

4 Die Nudeln mit Salz, Pfeffer und Paprikapulver abschmecken, die Oliven untermischen und alles noch 1–2 Min. unter ständigem Rühren bei mittlerer Hitze garen, dabei löffelweise Wasser dazugeben, wenn die Mischung zu trocken wird. Mit dem Koriandergrün bestreuen und sofort servieren.

Für 4 Personen • 30 Min. Zubereitung • Pro Portion ca. 575 kcal, 39 g E, 13 g F, 74 g KH

PASTA SURF & TURF

300 g Rinderfilet
12 geschälte, gegarte Riesen-
garnelen (ca. 160 g)
1 Zweig Rosmarin
2 rote Zwiebeln
3 EL Olivenöl
Salz, Pfeffer
800 ml Rinderfond (aus dem Glas)
200 ml Rinderbrühe
400 g kurze bunte Nudeln (z. B.
Fusilli, Kochzeit ca. 9 Min.)

1 Das Rinderfilet in schmale Streifen schneiden. Die Garnelen kalt abbrausen und mit Küchenpapier trocken tupfen. Den Rosmarin waschen und trocken tupfen, die Nadeln abzupfen und nach Belieben ganz lassen oder grob hacken. Die Zwiebeln schälen und in schmale Spalten schneiden.

2 In einem großen hohen Topf (22–24 cm ⌀ und 12 cm hoch) 2 EL Öl erhitzen. Die Filetstreifen, die Garnelen und den Rosmarin darin unter gelegentlichem Wenden ca. 1 ½ Min. scharf anbraten. Nicht länger braten, sonst wird das Fleisch trocken und die Garnelen werden zäh. Fleisch und Garnelen mit Salz und Pfeffer würzen, aus dem Topf nehmen und zugedeckt beiseitestellen.

3 Das restliche Öl (1 EL) im Topf erhitzen und die Zwiebelspalten darin bei starker Hitze rundherum anbraten. Den Fond und die Brühe angießen und zugedeckt bei starker Hitze zum Kochen bringen.

4 Die Nudeln dazugeben und offen bei mittlerer bis starker Hitze nach Packungsanweisung plus ein paar Min. bissfest garen. Dabei anfangs gelegentlich, gegen Ende häufig umrühren und löffelweise Wasser dazugeben, wenn die Mischung zu trocken wird.

5 Die Filetstreifen und die Garnelen unter die Nudeln mischen und kurz wieder erhitzen. Alles mit Salz und Pfeffer abschmecken und sofort servieren.

Für 2 Personen • 25 Min. Zubereitung • Pro Portion ca. 595 kcal, 32 g E, 17 g F, 76 g KH

PILZ-SCHINKEN-PASTA

EINFACH

2 rote Zwiebeln
250 g kleine, feste braune
   Champignons
1 EL Olivenöl
500 ml Gemüsebrühe
200 g kurze Nudeln (z. B.
   Penne Lisce; Kochzeit
   ca. 10 Min.)
100 g Kochschinken
1 Handvoll Rucola
Salz, Pfeffer
2 EL geriebener Cheddar

1 Die Zwiebeln schälen und in Spalten schneiden. Die Champignons putzen und mit einem feuchten Tuch abreiben. Das Öl in einem großen Topf (22–24 cm ∅) erhitzen, die Zwiebeln und die Pilze darin bei starker Hitze unter häufigem Rühren 3–4 Min. anbraten. Die Brühe angießen und zugedeckt zum Kochen bringen.

2 Die Pasta einrühren und offen bei mittlerer bis starker Hitze nach Packungsanweisung plus ein paar Min. knapp bissfest garen, dabei anfangs gelegentlich, gegen Ende ständig rühren.

3 Inzwischen den Schinken würfeln oder in Streifen schneiden. Den Rucola waschen, trocken schütteln und etwas kleiner schneiden. Schinken und Rucola unter die Nudeln mischen und alles noch 1–2 Min. unter Rühren garen, dabei löffelweise Wasser dazugeben, wenn die Mischung zu trocken wird. Die Nudeln mit Salz und Pfeffer abschmecken, mit dem Cheddar bestreuen und sofort servieren.

Für 2 Personen • 20 Min. Zubereitung • Pro Portion ca. 930 kcal, 30 g E, 38 g F, 113 g KH

PASTA MIT MAIS UND WÜRSTCHEN

FÜR KINDER

1 Zwiebel
1 EL Olivenöl
500 ml Gemüsebrühe
200 g Nudeln (z. B. grüne Tag-
  liatelle; Kochzeit ca. 6 Min.)
200 g Frankfurter oder Wiener
  Würstchen
1 Bund Schnittlauch
1 Dose Maiskörner
  (ca. 400 g Inhalt)
Salz, Pfeffer

1 Die Zwiebel schälen und klein würfeln. Das Öl in einem großen Topf (22–24 cm ⌀) erhitzen und die Zwiebelwürfel darin bei mittlerer Hitze glasig dünsten. Die Brühe angießen und zugedeckt bei starker Hitze zum Kochen bringen. Die Pasta evtl. durchbrechen, in den Topf geben und offen bei mittlerer bis starker Hitze nach Packungsanweisung plus ein paar Min. knapp bissfest garen.

2 Inzwischen die Würstchen in Scheiben schneiden. Den Schnittlauch waschen, trocken schütteln und in Röllchen schneiden. Die Würstchen, die Hälfte des Schnittlauchs und den Mais samt Einlegesud in den Topf geben, alles gründlich vermischen und noch 1–2 Min. kochen lassen, dabei häufig umrühren und löffelweise Wasser dazugeben, wenn die Mischung zu trocken wird. Die Pasta mit Salz und Pfeffer abschmecken und mit dem restlichen Schnittlauch bestreut servieren.

BROKKOLI-SCHMAND-SPAGHETTI

1 kleine Bio-Zitrone
250 g kleine feste Champignons
1 Brokkoli (ca. 400 g)
125 g Kochschinken
1 EL Butter
1 l Gemüsebrühe
400 g Spaghetti (Kochzeit
    9–11 Min.)
200 g Schmand
Salz, Pfeffer

1 Die Zitrone heiß waschen und abtrocknen, die Schale in feinen Spänen abziehen und beiseitelegen, 2 EL Saft auspressen. Die Champignons putzen und feucht abreiben. Den Brokkoli putzen, waschen und in kleine Röschen teilen. Die Stiele schälen und in dünne Scheiben schneiden. Den Schinken in Würfel oder Streifen schneiden.

2 Die Butter in einem großen hohen Topf (22–24 cm Ø und 12 cm hoch) zerlassen, die Pilze kurz darin anbraten, wieder herausnehmen und beiseitestellen. Die Brühe in den Topf gießen und zugedeckt bei starker Hitze zum Kochen bringen. Die Spaghetti evtl. einmal durchbrechen, dazugeben und ca. 5 Min. zugedeckt kochen lassen.

3 Den Brokkoli und den Schmand zu den Spaghetti geben und alles offen bei mittlerer bis starker Hitze kochen lassen, bis die Spaghetti knapp bissfest sind. Dabei anfangs gelegentlich, gegen Ende häufig umrühren.

4 Champignons, Zitronensaft und Schinken zu den Nudeln geben, alles noch 1–2 Min. unter Rühren kochen lassen, dabei löffelweise Wasser dazugeben, wenn die Mischung zu trocken wird. Die Nudeln mit Salz und Pfeffer abschmecken, mit der Zitronenschale bestreuen und sofort servieren.

Für 2 Personen • 30 Min. Zubereitung • Pro Portion ca. 665 kcal, 44 g E, 21 g F, 74 g KH

BAVETTE MIT BEEF UND TOMATEN

FÜR GÄSTE

4 dicke Frühlingszwiebeln
200 g Rinderfilet
2 EL Olivenöl
Salz, Pfeffer
400 ml Rinderfond (aus dem Glas)
200 g Bavette (schmale Band-
* nudeln; Kochzeit ca. 8 Min.)*
100 g Kirschtomaten (rote und
* gelbe)*
4 Stängel Basilikum
40 g Parmesan

1 Die Frühlingszwiebeln putzen und waschen. Die Knollen halbieren, das Grün in dünne Ringe schneiden. Das Rinderfilet schnetzeln. 1 EL Öl in einem großen Topf (22–24 cm ⌀) erhitzen und das Filet darin 30 Sek. rundherum anbraten. Salzen, pfeffern, herausnehmen und beiseitestellen.

2 Das restliche Öl (1 EL) im Topf erhitzen und die Zwiebelknollen darin 30 Sek. anbraten. Den Fond und 100 ml Wasser angießen und zugedeckt bei starker Hitze aufkochen. Die Bavette evtl. einmal durchbrechen, dazugeben und offen bei mittlerer bis starker Hitze nach Packungsanweisung knapp bissfest garen, anfangs gelegentlich, gegen Ende häufig umrühren.

3 Inzwischen die Tomaten waschen und halbieren. Das Basilikum waschen und die Blätter abzupfen. Den Parmesan hobeln. Tomaten, Filet und Frühlingszwiebelgrün zu den Nudeln geben, alles 1–2 Min. erhitzen, dabei ggf. löffelweise Wasser dazugeben. Alles mit Salz und Pfeffer abschmecken, mit Parmesan und Basilikum bestreuen und sofort servieren.

Für 4 Personen • 30 Min. Zubereitung • Pro Portion ca. 685 kcal, 35 g E, 17 g F, 96 g KH

BUNTE HÄHNCHEN-NUDELN

EINFACH

300 g Hähnchenbrustfilet
1 Bund Frühlingszwiebeln
450 g Süßkartoffeln
6 Zweige Salbei
2 EL Olivenöl
Salz, Pfeffer
1 l Hühnerbrühe
400 g kurze Nudeln (z. B. Sputniks, Kochzeit ca. 8 Min.)
100 g Gorgonzola

GUT ZU WISSEN

Wenn Sie Nudeln mit einer längeren Kochzeit verwenden, sollten Sie diese einige Minuten in der Brühe vorgaren, bevor die Süßkartoffelstifte in den Topf wandern. Sonst werden diese zu weich und zerfallen beim Rühren.

1 Das Hähnchenbrustfilet abtupfen und in 2 cm breite Streifen schneiden. Die Frühlingszwiebeln putzen und waschen, weiße Teile in dünne Scheiben, das Grün schräg in 2 cm lange Stücke schneiden. Die Süßkartoffeln waschen und gründlich abbürsten oder schälen, dann in Stifte schneiden, die etwa der Größe der Nudeln entsprechen. Den Salbei waschen, trocken schütteln und grob hacken.

2 Das Öl in einem großen hohen Topf (22–24 cm ⌀ und 12 cm hoch) erhitzen und die Hähnchenstreifen darin unter gelegentlichem Rühren ca. 2 Min. rundherum goldbraun anbraten. Den Salbei dazugeben, mit Salz und Pfeffer würzen, 30 Sek. weiterbraten, dann herausnehmen und beiseitestellen.

3 Die Brühe in den Topf gießen und zugedeckt bei starker Hitze zum Kochen bringen. Nudeln, Süßkartoffeln und Frühlingszwiebeln dazugeben, mit Salz und Pfeffer würzen und wieder aufkochen. Die Nudeln offen bei mittlerer bis starker Hitze nach Packungsanweisung plus ein paar Min. bissfest garen. Dabei anfangs gelegentlich, gegen Ende häufig umrühren und dabei löffelweise Wasser dazugeben, wenn die Mischung zu trocken wird.

4 Am Ende der Garzeit das angebratene Hähnchenfleisch mitsamt dem Salbei wieder in den Topf geben, mit den übrigen Zutaten mischen, alles abschmecken und auf Teller verteilen. Den Gorgonzola würfeln und daraufstreuen.

BIERSTUBEN-NUDELN

GÜNSTIG

10 Stängel Majoran
2 Gemüsezwiebeln
1 grüne Paprika
400 g magerer Schweinebauch
(ohne Schwarte und Knochen)
2 TL Kümmel
Salz, Pfeffer
1 EL Öl
500 ml Bier (z. B. Helles)
500 ml Rinderbrühe
400 g kurze Nudeln (z. B. Penne
Rigate, Kochzeit 11 Min.)

GUT ZU WISSEN

Wahre Bier-Fans nehmen ausschließlich den Gerstensaft (1 Liter) zum Kochen der Nudeln und verzichten auf die Brühe. Die Intensität des Biergeschmacks lässt sich zudem durch die Wahl der Sorte beeinflussen, von mild bis ausgesprochen herb wird ja eine großartige Vielfalt abgefüllt.

1 Den Majoran waschen, trocken schütteln und hacken. Die Zwiebeln schälen, vierteln und die Viertel quer in Scheiben schneiden. Die Paprika waschen, halbieren, Kerne und Trennwände entfernen und die Hälften in Streifen schneiden. Den Schweinebauch in schmale Streifen schneiden.

2 Einen großen hohen Topf (22–24 cm ⌀ und 12 cm hoch) bei starker Hitze heiß werden lassen. Die Fleischstreifen hineingeben und rundherum braun braten, mit Kümmel, Salz und Pfeffer würzen und wieder herausnehmen, dabei das ausgebratene Fett im Topf lassen.

3 Das Öl in den Topf geben, die Zwiebel- und Paprikastreifen darin 1–2 Min. rundherum anbraten. Mit dem Majoran würzen, das Bier und die Brühe angießen und zugedeckt bei starker Hitze zum Kochen bringen. Die Nudeln einrühren und offen bei mittlerer bis starker Hitze nach Packungsanweisung plus ein paar Min. bissfest garen. Dabei anfangs gelegentlich, gegen Ende häufig umrühren und löffelweise Wasser dazugeben, wenn die Mischung zu trocken wird.

4 Das Fleisch wieder in den Topf geben und kurz erhitzen. Alles mit Salz und Pfeffer abschmecken und sofort servieren.

FISCH & MEERESFRÜCHTE

GARNELEN-ZITRONEN-SPAGHETTINI

FÜR GÄSTE

1 kleine rote Chilischote
1 Bio-Zitrone
1 Knoblauchzehe
300 g geschälte, gegarte Riesen-
   garnelen
2 EL Olivenöl
Salz, Pfeffer
200 ml trockener Weißwein
750 ml Gemüsebrühe
400 g Spaghettini (Kochzeit
   ca. 5 Min.)
1 Bund Petersilie

1 Die Chilischote waschen, halbieren, Kerne entfernen und die Hälften fein hacken. Die Zitrone heiß waschen und abtrocknen, die Schale fein abreiben und 3 EL Saft auspressen. Den Knoblauch schälen und in feine Stifte schneiden.

2 Die Garnelen mit Küchenpapier abtupfen, evtl. am Rücken einschneiden und den Darm entfernen. Das Öl in einem großen hohen Topf (22–24 cm ⌀ und 12 cm hoch) erhitzen und die Garnelen darin bei starker Hitze ca. 1 Min. anbraten. Chilischote und Knoblauch dazugeben, mit Salz und Pfeffer würzen, wenden und auf der anderen Seite anbraten. Mit einer Schaumkelle herausheben und zugedeckt beiseitestellen.

3 Den Bratensatz im Topf mit dem Weißwein ablöschen. Die Brühe angießen und zugedeckt bei starker Hitze aufkochen. Die Spaghettini evtl. einmal durchbrechen und dazugeben, offen bei mittlerer bis starker Hitze nach Packungsanweisung plus ein paar Min. bissfest garen. Dabei anfangs gelegentlich, gegen Ende häufig umrühren und löffelweise Wasser dazugeben, wenn die Mischung zu trocken wird.

4 Inzwischen die Petersilie waschen, trocken schütteln und hacken. Wenn die Nudeln fast fertig sind, Garnelen, Zitronenschale, Zitronensaft und Petersilie untermischen. Alles noch einmal aufkochen lassen, mit Salz und Pfeffer abschmecken und sofort servieren.

Für 2 Personen • 25 Min. Zubereitung • Pro Portion ca. 655 kcal, 28 g E, 26 g F, 71 g KH

SPINAT-SPAGHETTI MIT MAKRELE

WINTER-REZEPT

1 große Zwiebel
1 EL Olivenöl
500 ml Gemüsebrühe
225 g TK-Rahmspinat
200 g Vollkorn-Spaghetti
*   (z. B. aus Dinkel; Kochzeit*
*   9–10 Min.)*
Salz, Pfeffer
2 geräucherte Makrelenfilets
*   ohne Haut*
50 g Schmand

1 Die Zwiebel schälen und in kleine Würfel schneiden. Das Öl in einem großen Topf (22–24 cm ⌀) erhitzen und die Zwiebel darin goldbraun anbraten. Die Brühe und den Spinat dazugeben. Den Spinat bei mittlerer Hitze unter häufigem Rühren auftauen lassen. Die Mischung dann bei starker Hitze zugedeckt aufkochen.

2 Die Spaghetti evtl. einmal durchbrechen, dazugeben und offen bei mittlerer bis starker Hitze nach Packungsanweisung plus ein paar Min. bissfest garen. Dabei anfangs gelegentlich, gegen Ende häufig umrühren und dabei löffelweise Wasser dazugeben, wenn die Mischung zu trocken wird. Mit Salz und Pfeffer abschmecken und sofort auf Teller verteilen. Je 1 Makrelenfilet und 1 Klecks Schmand daraufgeben und servieren.

Für 2 Personen • 30 Min. Zubereitung • Pro Portion ca. 800 kcal, 27 g E, 27 g F, 110 g KH

FISCHSTÄBCHEN-NUDELN

FÜR KINDER

3 EL Öl
8 TK-Fischstäbchen (ca. 240 g)
½ Bund Dill
60 g Gewürzgurken
250 ml Apfelsaft
250 ml Gemüsebrühe
200 g kurze Nudeln mit kurzer
  Garzeit (z. B. Makkaroni,
  Kochzeit 7 Min.)
Salz, Pfeffer

1 Das Öl in einem großen Topf (22–24 cm ⌀) erhitzen und die Fischstäbchen darin rundherum in ca. 10 Min. goldbraun braten, zwischendurch vorsichtig wenden, sodass sie nicht zerfallen. Inzwischen den Dill waschen, trocken schütteln und hacken. Die Gewürzgurken klein würfeln.

2 Die Fischstäbchen herausnehmen und zugedeckt beiseitestellen. Den Saft und die Brühe in den Topf gießen und zugedeckt bei starker Hitze zum Kochen bringen. Die Nudeln darin offen bei mittlerer bis starker Hitze nach Packungsanweisung plus ein paar Min. bissfest garen. Dabei anfangs gelegentlich, gegen Ende häufig umrühren und löffelweise Wasser dazugeben, wenn die Mischung zu trocken wird. Zum Schluss Dill und Gurkenwürfel untermischen, alles mit Salz und Pfeffer abschmecken und sofort auf Teller verteilen. Die Fischstäbchen darauflegen und servieren.

GU
CLOU

One-Pot-Pasta ist ein relativ neuer Begriff, aber als Zubereitungsart in den Küchen der Welt seit langem bekannt und beliebt. Dies ist ein echter Klassiker aus Katalonien, der ein wenig an Spaniens Nationalgericht Paella erinnert. Traditionell wird das zwar in breiten Pfannen zubereitet, kleine Mengen gelingen im Topf aber ebenso gut.

Für 2 Personen • 20 Min. Zubereitung • Pro Portion ca. 600 kcal, 35 g E, 18 g F, 74 g KH

SPANISCHE NUDELPFANNE

KLASSIKER

1 kleine rote Chilischote
½ Bund Petersilie
100 g geschälte, gegarte Gambas
  (große Garnelen)
125 g festes weißes Fischfleisch
  (z. B. Loup de mer oder Kabel-
  jau)
1 Knoblauchzehe
3 EL Olivenöl
200 g Fadennudeln (Kochzeit
  3 Min.)
400 ml Fischfond (aus dem Glas)
Salz, Pfeffer

1 Die Chilischote waschen, halbieren, die Kerne entfernen und die Hälften in feine Streifen oder Würfel schneiden. Die Petersilie waschen, trocken schütteln und hacken, zugedeckt beiseitestellen. Die Gambas abtupfen. Das Fischfleisch abtupfen und mundgerecht würfeln. Den Knoblauch schälen und hacken oder in Stifte schneiden.

2 In einem großen Topf (22–24 cm ∅) 2 EL Öl erhitzen. Gambas, Fischwürfel und Knoblauch hineingeben und bei mittlerer Hitze ca. 2 Min. anbraten, vorsichtig wenden und wieder herausheben.

3 Das restliche Öl (1 EL) im Topf erhitzen und die Nudeln darin bei mittlerer bis starker Hitze 1–2 Min. anbraten – sie sollen leicht bräunen. Die Chili dazugeben, den Fond angießen und aufkochen lassen. Alles offen unter ständigem Rühren ca. 3 Min. kochen lassen – die Nudeln sollen gar, aber nicht zu weich werden.

4 Die Hälfte der Petersilie und die Gamba-Fisch-Mischung vorsichtig unter die Nudeln mischen. Alles kurz erhitzen, mit Salz und Pfeffer abschmecken und mit der restlichen Petersilie bestreut sofort servieren.

Für 2 Personen • 20 Min. Zubereitung • Pro Portion ca. 750 kcal, 36 g E, 26 g F, 83 g KH

MEERESFRÜCHTE-NUDELN

MEDITERRAN

1 kleiner Zucchino (150 g)
1 Zwiebel
2 EL Olivenöl
1 Knoblauchzehe
100 ml trockener Weißwein
200 g Bandnudeln (z. B. Bavette,
*   Kochzeit 8–9 Min.)*
50 g Hummer-Paste (1 Päckchen,
*   z. B. von Langbein)*
2 Stängel Basilikum
300 g TK-Meeresfrüchtemischung,
*   aufgetaut (siehe Tipp)*
Salz, Pfeffer

GUT ZU WISSEN

TK-Meeresfrüchte-Mischungen gibt es im gut sortierten Supermarkt. Darin stecken gegarte Garnelen, Tintenfische und Muschelfleisch. Das Ganze am besten zugedeckt im Kühlschrank auftauen lassen. Oder am Anfang im heißen Topf in wenig Öl anbraten, herausnehmen und später unter die fast fertigen Nudeln rühren.

1 Den Zucchino waschen, in ½ cm dicke Scheiben und diese in ½ cm breite Streifen schneiden. Die Zwiebel schälen und in dünne Spalten schneiden. Das Öl in einem großen Topf (22–24 cm Ø) erhitzen und die Zwiebel darin goldgelb anbraten. Den Knoblauch schälen und dazupressen. Den Wein und 500 ml Wasser angießen und bei starker Hitze zugedeckt zum Kochen bringen.

2 Die Nudeln evtl. einmal durchbrechen, dazugeben und offen bei mittlerer Hitze 5 Min. kochen lassen, einmal umrühren. Die Hummer-Paste einrühren und die Nudeln offen bei mittlerer bis starker Hitze nach Packungsanweisung plus ein paar Min. knapp bissfest garen. Dabei gegen Ende häufig umrühren und löffelweise Wasser dazugeben, wenn die Mischung zu trocken wird. Achtung – die Hummer-Paste sorgt für eine cremige Konsistenz und die Mischung setzt schnell am Topfboden an.

3 Das Basilikum waschen, trocken schütteln und die Blätter abzupfen. Wenn die Nudeln fast gar sind, die Zucchinispalten und die Meeresfrüchte untermischen und alles 1–2 Min. unter Rühren kochen lassen. Die Nudeln mit Salz und Pfeffer abschmecken und mit Basilikum bestreut sofort servieren.

Für 2 Personen • 20 Min. Zubereitung • Pro Portion ca. 750 kcal, 35 g E, 30 g F, 81 g KH

LACHS-FETTUCCINE MIT RADICCHIO

SOMMER-REZEPT

100 g Schalotten
200 g Lachsfilet ohne Haut
2 EL Zitronensaft
Salz, Pfeffer
1 kleiner Radicchio
1 EL Butter
400 ml Fischfond (aus dem Glas)
100 ml Orangensaft
200 g Bandnudeln mit kurzer Gar-
zeit (z. B. Fettuccine, Kochzeit
6 Min.)
50 g Sahne

1 Die Schalotten schälen und, je nach Größe, vierteln oder achteln. Das Lachsfilet abtupfen und 2 cm groß würfeln, mit dem Zitronensaft beträufeln und mit Salz und Pfeffer würzen. Den Radicchio putzen, waschen und in Streifen schneiden.

2 Die Butter in einem großen Topf (22–24 cm ⌀) erhitzen und die Schalotten darin bei mittlerer Hitze in 3 Min. hell-goldgelb anbraten. Den Fischfond und den Orangensaft angießen und bei starker Hitze zugedeckt zum Kochen bringen.

3 Die Fettuccine evtl. einmal durchbrechen, in den Topf geben und offen bei mittlerer bis starker Hitze nach Packungsanweisung plus ein paar Min. knapp bissfest garen. Dabei anfangs gelegentlich, gegen Ende häufig umrühren.

4 Den Radicchio und die Sahne unter die Nudeln mischen. Das Lachsfilet ebenfalls unterheben – jetzt ganz vorsichtig umrühren, damit der Fisch nicht völlig zerfällt. Alles bei schwacher Hitze noch 1–2 Min. garen, mit Salz und Pfeffer abschmecken und sofort servieren.

REGISTER

Vegetarische Rezepte, die im Buch mit einem ◗ gekennzeichnet sind, sind hier grün abgesetzt.

Abkürzungsverzeichnis:
E = Eiweiß
EL = Esslöffel
(gestrichen)
F = Fett
kcal = Kilokalorien
KH = Kohlenhydrate
Msp. = Messerspitze
Pck. = Päckchen
TK = Tiefkühl
TL = Teelöffel
(gestrichen)
Ø = Durchmesser

Projektleitung: Sabine Sälzer
Lektorat: Katharina Lisson
Korrektorat: Ulrike Wagner
Gesamtgestaltung: independent Medien-Design, München: Horst Moser (Artdirection), Lucie Heselich, Svenja Wamser
Herstellung: Renate Hutt
Satz: Kösel, Krugzell
Reproduktion: medienprinzen GmbH, München
Druck und Bindung:
Firmengruppe APPL, aprinta Druck, Wemding
Syndication:
www.imageprofessionals.com
Printed in Germany

7. Auflage 2024
ISBN 978-3-8338-6853-5

GRÄFE
UND
UNZER

Ein Unternehmen der
GANSKE VERLAGSGRUPPE

DIE AUTORIN

Angelika Ilies ist seit vielen Jahren als freie Autorin und Food-Journalistin tätig und hat bei GU schon mehrere erfolgreiche Kochbücher geschrieben. Sie liebt die schnelle unkomplizierte Küche und überrascht ihre Familie gern mit immer neuen Kreationen, bei denen sie oft Klassisches durch ungewöhnliche Zutaten und Aromen abwandelt.

DIE FOTOGRAFIN

Coco Lang fotografiert Food und Stills in ihrem Werkstattstudio direkt am Münchner Viktualienmarkt. Zusammen mit **Monika Schuster** (Foodstyling) und **Akos Neuberger** (Styling Klappen) hat sie One Pot Pasta stilvoll in Bilder umgesetzt.

BILDNACHWEIS

Autorenfoto: privat
Coverfoto: Silvio Knezevic
Alle anderen Fotos: Coco Lang

Umwelthinweis:

Dieses Buch ist auf PEFC-zertifiziertem Papier aus nachhaltiger Waldwirtschaft gedruckt.

LIEBE LESERINNEN UND LESER,

wir wollen Ihnen mit diesem Buch Informationen und Anregungen geben, um Ihnen das Leben zu erleichtern oder Sie zu inspirieren, Neues auszuprobieren. Wir achten bei der Erstellung unserer Bücher auf Aktualität und stellen höchste Ansprüche an Inhalt und Gestaltung. Alle Anleitungen und Rezepte werden von unseren Autoren, jeweils Experten auf ihren Gebieten, gewissenhaft erstellt und von unseren Redakteur*innen mit größter Sorgfalt ausgewählt und geprüft.

Haben wir Ihre Erwartungen erfüllt? Sind Sie mit diesem Buch und seinen Inhalten zufrieden? Wir freuen uns auf Ihre Rückmeldung. Und wir freuen uns, wenn Sie diesen Titel weiterempfehlen, in Ihrem Freundeskreis oder bei Ihrem Online-Kauf.

Sollten wir Ihre Erwartungen so gar nicht erfüllt haben, tauschen wir Ihnen Ihr Buch jederzeit gegen ein gleichwertiges zum gleichen oder ähnlichen Thema um.

KONTAKT ZUM LESERSERVICE

GRÄFE UND UNZER VERLAG
Grillparzerstraße 12
81675 München
www.gu.de

APPETIT AUF MEHR?

ISBN 978-3-8338-9173-1

ISBN 978-3-8338-9325-4

ISBN 978-3-8338-7082-8

ISBN 978-3-8338-9241-7

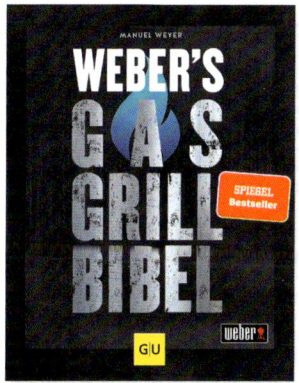

ISBN 978-3-8338-7950-0

ISBN 978-3-8338-9074-1

Alle hier vorgestellten Bücher
sind auch als eBook erhältlich.

DIE »GU KOCHEN PLUS«-APP

1 APP HERUNTERLADEN

Laden Sie die kostenlose »GU Kochen Plus«-App im Apple App Store oder im Google Play Store auf Ihr Smartphone. Starten Sie die App und wählen Sie Ihren Küchenratgeber aus.

2 REZEPTBILD SCANNEN

Scannen Sie das gewünschte Rezeptbild mit der Kamera Ihres Smartphones. Klicken Sie im Display die Funktion Ihrer Wahl.

3 FUNKTIONEN NUTZEN

Sammeln Sie Ihre Lieblingsrezepte. Speichern und verschicken Sie Ihre Einkaufslisten. Oder nutzen Sie den praktischen Supermarkt-Finder und den Rezept-Planer.